DIESES BÜCHLEIN GEHÖRT

AF214729

....

....

Vera Lörks

Messbüchlein
FÜR KLEINE ENTDECKER

Mit Illustrationen
von Gisela Dürr

Butzon & Bercker

Wir gehen zur Kirche

Die Glocken läuten.

Sie laden alle ein. Wie gehen zum Gottesdienst.

Am Eingang ist ein Becken mit Weihwasser.

Wir tauchen die Fingerspitzen

in das geweihte Wasser

und machen ein Kreuzzeichen.

Das erinnert uns an die Taufe.

Wir gehören zu Gott

und zur Gemeinschaft der Christen.

Die Messe beginnt

Der Priester und die Messdiener kommen.
Sie läuten eine kleine Glocke und wir stehen
auf. Die Orgel spielt ein festliches Lied.
Es ist schön, gemeinsam zu singen.
Dann begrüßt uns der Priester.
Die Messe beginnt.

Wir machen das Kreuzzeichen

Im Namen des Vaters
und des Sohnes
und des Heiligen Geistes.
Amen.

Der Herr sei mit euch

An manchen Stellen im Gottesdienst

sagt der Priester:

„Der Herr sei mit euch."

Wir antworten:

„Und mit deinem Geiste."

Das soll heißen: Jesus ist hier.

Er ist mitten unter uns.

WIR BITTEN UM VERZEIHUNG

Manchmal leben wir nicht so,
wie Gott es möchte.
Wir machen Fehler, wir tun Dinge,
die nicht gut sind.
Wir überlegen, was wir falsch gemacht haben.
Dafür bitten wir Gott um Verzeihung.

Dann beten wir gemeinsam:

Herr, erbarme dich.
Christus, erbarme dich.
Herr, erbarme dich.

PASS GUT AUF!

Werde ganz still.

Sieh dir die Kirche genau an.

Was gibt es zu entdecken?

Riechst du etwas Besonderes,

vielleicht Kerzen oder Weihrauch?

Was hörst du?

Gibt es hier besondere Geräusche?

Aus der Bibel

Wir hören Geschichten aus der Bibel.

Sie erzählen von Gott und den Menschen.

Zum Schluss wird gesagt:

„Wort des lebendigen Gottes."

Wir antworten: „Dank sei Gott, dem Herrn."

Dann singen wir gemeinsam „Halleluja".

Geschichten von Jesus

Wir machen drei kleine Kreuze: auf die Stirn, den Mund und auf das Herz. Was wir über Jesus hören, sollen wir mit dem Verstand aufnehmen, mit dem Mund weitersagen und im Herzen bewahren. Dann liest der Priester uns aus dem Evangelium vor. Evangelium bedeutet „Gute Botschaft". Er erklärt uns auch, was wir gehört haben und sagt, was es für unser Leben bedeutet. Dann beten wir für alle Menschen.

DEINE FÜRBITTE

Für wen möchtest du beten?
Vielleicht kennst du jemand,
der krank oder traurig ist?
Gibt es jemand,
mit dem du dich gestritten hast?
Du kannst Gott alles sagen.

WIR GLAUBEN

Wir glauben an Gott.
Er ist unser guter Vater.
Er hat alles gemacht.
Und wir sind seine Kinder.

Wir glauben an Jesus.
Er ist Gottes Sohn.
Er wurde Mensch wie wir.
Und wir sind seine Freunde.

Er kam von Gott
und brachte Gottes Liebe.
Er starb für uns am Kreuz,
Gott aber hat ihn auferweckt.

Wir glauben
an den Heiligen Geist,
den Gott uns sendet.
Er schenkt uns neues Leben.
Und wir dürfen leben mit Gott.

Unsere Gaben

Die Messdiener bringen Brot und Wein,
die Gaben, zum Altar.
Der Priester hebt die Schale mit dem Brot hoch
und gießt Wasser und Wein in den Kelch. Er betet.
Dann wäscht er seine Hände.
Währenddessen sammeln wir Geld.
Es ist für Menschen,
denen es nicht so gut geht wie uns.

Jesus liebt uns

Wir knien uns hin. Es wird still in der Kirche.

Der Priester nimmt das Brot.

Er segnet es und zeigt es uns.

Dann nimmt er den Kelch mit dem Wein.

Er segnet ihn und hebt ihn hoch.

Er sagt die Worte, die Jesus zu

seinen Freunden gesagt hat:

„Das ist mein Leib.

Das ist mein Blut."

Das Vaterunser

Vater unser im Himmel,

geheiligt werde dein Name.

Dein Reich komme.

Dein Wille geschehe,

wie im Himmel so auf Erden.

Unser tägliches Brot gib uns heute.

Und vergib uns unsere Schuld,
wie auch wir vergeben unsern Schuldigern.
Und führe uns nicht in Versuchung,
sondern erlöse uns von dem Bösen.
Denn dein ist das Reich und die Kraft
und die Herrlichkeit in Ewigkeit. Amen.

WIR GEBEN UNS DIE HAND

Wir bitten Gott um Frieden.

Der Priester sagt:

„Der Friede sei allezeit mit euch."

Wir antworten:

„Und mit deinem Geiste."

Jesus möchte,

dass wir seinen Frieden

an alle Menschen weitergeben.

Wir reichen uns die Hand und sagen:

„Der Friede sei mit dir."

Welche dieser Gegenstände gehören nicht auf den Altar?

Das Lamm Gottes

Wir knien uns hin.
Der Priester zeigt uns das Brot, die Hostie.

Der Priester sagt:
„Seht das Lamm Gottes,
das hinwegnimmt die Sünde der Welt."

Wir antworten:
„Herr, ich bin nicht würdig,
dass du eingehst unter mein Dach,
aber sprich nur ein Wort,
so wird meine Seele gesund."

Mit dem Lamm Gottes ist Jesus gemeint.

Er ist am Kreuz für uns gestorben.

Dafür danken wir ihm.

DIE KOMMUNION

Wir gehen nach vorne. Erwachsene bekommen das heilige Brot. Der Priester gibt es ihnen in die Hand und sie stecken es vorsichtig in den Mund. Kinder werden gesegnet. Der Priester zeichnet ihnen ein Kreuz auf die Stirn. Er sagt: „Jesus hat dich lieb."
Wenn etwas von dem heiligen Brot übrig bleibt, wird es in einen besonderen Schrank, den Tabernakel, gelegt.

FINDEST DU FÜNF FEHLER?

Wir werden gesegnet

Zum Schluss der Messe segnet uns der
Priester. Wir sollen den Frieden Gottes
in unser Leben tragen.

Dann singen wir gemeinsam ein Lied.
Die Messe ist zu Ende. Wir gehen nach Hause.
Wir vertrauen darauf:
Jesus ist immer bei uns.

Meine Lieblingsgebete

Gott ist bei mir

Wo ich gehe, wo ich stehe,
ist der liebe Gott bei mir.
Wenn ich ihn auch niemals sehe,
weiß ich sicher, Gott ist hier.

Behüte die Kinder

Guter Gott,
behüte die Kinder in der Welt,
behüte die Tiere auf dem Feld.
Behüte sie alle, Groß und Klein,
und lass sie immer fröhlich sein.

Danke für die Gaben

Alle guten Gaben,
alles, was wir haben,
kommt, o Gott, von dir.
Wir danken dir dafür.

Gott ist bei mir

Lieber Gott, die Nacht ist da,
die Sterne funkeln hell und klar.
Ihr Licht erzählt, dass du es bist,
der auch im Dunkeln bei uns ist.

Texte: Wir glauben: aus: Reinhard Abeln, Mein Büchlein von der heiligen Messe, © 2019 Butzon & Bercker GmbH, Kevelaer, www.bube.de; Gebete: überliefert; alle übrigen: Vera Lörks

Illustrationen: Logo mit Kindern und Engel, Rahmen auf Umschlag: Dorothea Ackroyd; Handsymbol: © kytalpa – stock.adobe.com; S. 16 (Herzen): © izumikobayashi – stock.adobe.com; Rahmen mit Herzen: © harako – stock. adobe.com; Rahmen: © Nursery Art – stock.adobe.com; Fläche mit Regenbogen: © rosypatterns – stock.adobe.com; alle anderen: Gisela Dürr

Bibliografische Information der Deutschen Nationalbibliothek
Die Deutsche Nationalbibliothek verzeichnet diese Publikation in der Deutschen Nationalbibliografie; detaillierte bibliografische Daten sind im Internet über http://dnb.d-nb.de abrufbar.

Das Gesamtprogramm von Butzon & Bercker finden Sie im Internet unter www.bube.de

MIX
Papier | Fördert gute Waldnutzung
FSC® C020056

ISBN 978-3-7666-3684-3

Umschlaggestaltung: Tanja Manden, Kevelaer
Layout und Satz: Roman Bold & Black, Köln